给50⁺60⁺的
力量、平衡和柔韧性
练习指南

（芬）艾萨·张（Esa Zhang） 编著

全国百佳图书出版单位

·北京·

图书在版编目（CIP）数据

给 50⁺60⁺ 的力量、平衡和柔韧性练习指南 /（芬）艾萨·张（Esa Zhang）编著. -- 北京：化学工业出版社，2025. 3. -- ISBN 978-7-122-47366-0

Ⅰ. G806-62

中国国家版本馆CIP数据核字第2025NX2446号

责任编辑：王新辉　赵玉欣　　　　　装帧设计：关　飞
责任校对：边　涛

出版发行：化学工业出版社（北京市东城区青年湖南街13号　邮政编码100011）
印　　装：天津市银博印刷集团有限公司
710mm×1000mm　1/16　印张8　字数150千字　2025年5月北京第1版第1次印刷

购书咨询：010-64518888　　　　　　售后服务：010-64518899
网　　址：http://www.cip.com.cn
凡购买本书，如有缺损质量问题，本社销售中心负责调换。

定　　价：49.80元　　　　　　　　　　　　　　　　版权所有　违者必究

前 言

无论哪个年龄的人，在日常生活中进行适当运动，对于维持健康都是非常有必要的。特别是对于中老年人来说，科学、适宜、有效的健身运动，不仅能提高身体机能，还有利于保持良好的心态，从而提升生活质量。

说到运动健身，很多人首先想到的可能是进健身房。但对于 50^+60^+ 的人群来说，居家运动健身反而是更适宜的。因为在这个阶段，人的身体机能已经在缓慢下降，肌肉和骨骼强度以及协调性等都不如以前，使用健身房的专业健身器械，稍有不慎，就可能带来损伤，恢复起来也会比较慢。

当然，你或许会说："我的心态和身体都足够年轻，我就喜欢健身房的感觉。"这当然很好，但我想说的是，即使练得一身健硕的肌肉，拥有六块腹肌和令人尖叫的胸大肌，也并不表明你在健康方面取得了多大的胜利。肌肉确实是衡量健康的一个因素，但身体的平衡和协调能力，以及我们在生活中如何正确地使用它为我们的生活带来便捷，并让我们的身心因此而获得快乐，才是衡量健康最重要的标准。

对于 50^+60^+ 的人群来说，更为实用的还是平衡性、协调性，以及适当的力量。这些锻炼目标，只要在居家生活中有意识地进行练习，就能实现。在本书中，我们在增强力量训练的基础上，增加了针对平衡性、协调性、柔韧性的练习。在每种运动目标下，本书都给出了多组动作，你可以通过尝试，找到几组适合自己的动作，然后坚持练习。或许数周之后，你就会发现，自己的身体在这些能力方面有了质的飞跃。

需要注意的是，同一个锻炼目标，往往会有多种锻炼方式（动作），选择哪一种方式，除了喜好和便捷性，还应考虑到身体的适应能力。比如常见的热身运动有许多拉伸动作和连续的收缩动作，如侧伸展拉伸、放松跳、连续膝击等，但对绝大多数 50^+60^+ 的人群乃至非专业运动员来说，这些动作在生活中经常用到，做这样的动作反而可能会引起不适和损伤。因此，本书在进行热身运动时，也以协调性、平衡性练习为主。除了作为热身运动，你也可以将这些动作作为日常练习之用，以更好地促进身体协调与平衡。其他各类功能性运动练习的动作选择，我们也是遵循这样的标准。

在服务中国国家队时，我的主要职责是帮助运动员进行力量与康复训练，即使顶尖运动员，又有教练相伴，依然免不了运动损伤。因此，对于任何一种运动，我首先都会对其进行功能性与风险评估。随着年龄的增长，当我自己在进行力量、协调性与柔韧性锻炼时，更加意识到这对于普通人尤其是上了年纪的人的运动锻炼有多么重要——所有的运动都是为了更好地使用身体、更健康而非其他。因此，当你在运动过程中感到不适，或者难以完成某些动作，请不要强求，做那些令你感到舒适的运动，对你更有益处。而且当你这样做了，一段时间后，那些一开始觉得有难度的动作也会变得不那么难，这正是坚持运动的魅力。

本书中的一些动作，或许你会觉得过于简单，但有句话说得好：成功就是简单的事情重复做。哪怕是看似不起眼的每天一小步，最终都将带你在健康的大道上走得更远。

编著者

目 录

第一章　老年人居家健身的注意事项　1

老年人为什么要健身　2

居家健身的注意事项　3

准备简单的运动器械　4

受伤后怎么办　5

第二章　热身运动　7

为什么要热身　8

热身的注意事项　9

卧姿热身　10

跪姿热身　13

坐姿热身　15

站姿热身　17

第三章　提升肌肉力量的练习　21

颈肩力量练习　22

上肢力量练习　28

胸部力量练习　36

腰背部力量练习　42

腹部力量练习	48
臀部力量练习	54
下肢力量练习	58

第四章 改善平衡性的练习　65

静态平衡练习	66
动态平衡练习	70
3D 平衡练习	74

第五章 提高柔韧性的练习　77

上肢柔韧性练习	78
下肢柔韧性练习	82
脊柱柔韧性练习	86

第六章 提高协调性的运动链练习　91

什么是运动链	92
前链协调性练习	94
后链协调性练习	96
侧链协调性练习	98
对角前链协调性练习	101
对角后链协调性练习	104

第七章　常用拉伸及放松练习　　107

为什么要拉伸	108
肩部拉伸	109
背部拉伸	111
背部放松	112
腹部拉伸	113
臀部拉伸	114
腿部拉伸	115

第一章 >>

老年人居家健身的注意事项

老年人为什么要健身

健身的目的只有一个，就是让身体更好地为我们所用。有效的健身运动能够帮助老年人提升身体机能，保持良好的心态，从而提升生活质量，并且对于预防慢性疾病、疾病康复有积极的作用。

减缓肌肉萎缩和骨骼中钙的流失

随着年龄增长，人体肌肉会逐渐萎缩，骨骼中的钙逐步流失，适当运动，可使全身肌肉、骨骼的血液循环加快，在一定程度上可以延缓肌肉萎缩和骨骼中钙质的流失。

提升平衡性防摔倒

通常来说，30 岁之后人的平衡与协调能力就会逐渐下降，主要原因包括肌力变化、关节柔韧性降低、视力降低、前庭功能下降等。这些都可以通过适度的运动锻炼来改善，通过运动，人的中枢神经系统功能也会得到加强，多样性的运动还能延缓视力老化和衰退的速度，有助于改善人的空间感知能力，保持身体平衡。

提升柔韧性防损伤

一定强度的运动，能保持肌肉和韧带的弹性，增强身体柔韧性、灵活性，使身体活动范围增大，并避免某些日常必要动作，如转身、下蹲等带来的损伤，从而提升生活质量。

延缓衰老

在运动过程中，全身各系统处于活动中，循环、呼吸、心血管等系统高效运转，各系统功能得到强化。经常运动的人肌肉也会变得紧致，外在形象显得较为年轻。

运动时中枢神经系统全程参与，这会促使大脑飞速运转，做出预知和判断，从而延缓大脑衰老。

居家健身的注意事项

每个人的身体情况不同,在健身过程中,要密切注意自己身体的变化,循序渐进,尤其是尝试新动作时,更要注意。如出现心慌、呼吸过于急促等情况,要立即停止运动,充分休息。

避免局部过分用力

尽量选择全身性的运动,避免某一肢体或器官负荷过重,避免过分用力的动作,以及可能造成血压骤然升高的动作,如突然前倾、低头朝下、弯腰动作过猛等。

充分热身

运动前的一系列热身活动,可以逐渐调动身体的兴奋度,克服身体器官的懒惰性,逐步过渡到需要一定强度的动作中。若发生低血糖,要立即停止运动,适当进食,也可以吃颗糖或者喝点糖水。

注意力集中

运动时不要想着其他事,要将注意力集中在身体上。在进行针对某个部位的动作时,将注意力放在受力部位,充分感受运动中的拉伸或紧张感。对于感觉疼痛的部位,注意控制力度,逐步消除其紧张感。在做平衡性练习时,尽量靠近能够扶握的物品,如桌子、墙壁等,以便失衡时随时抓住。

关注营养摄入

运动时身体代谢加快,营养消耗快,每天需要补充足够的碳水化合物(主食)和蛋白质(肉蛋类)。多样化饮食,有助于身体摄入均衡营养,也可提升健身效果。

准备简单的运动器械

本书中提供的运动以自重训练为主。自重训练就是不使用任何额外的器械，只需依靠身体自重就能进行。这意味着可以随时随地进行锻炼。而且，自重训练通常涉及很多复合动作，多肌群联动，可以有效地锻炼全身，促进肌肉的均衡发展，有利于增强身体协调性和平衡性。

此外，自重训练的受伤风险相比器械也会小很多，而且对关节压力小，身体有病痛的人也很适合用来做康复训练。

不过，自重训练难以提供足够的负荷来增加肌肉质量，因此，在对某些局部进行锻炼时，效果会稍微差一些。我们可以准备一些简单的器械，以备需要时使用。

哑铃：在进行肩臂运动时可用来增加负荷。

弹力带：用于辅助拉伸或增加负荷。

握力器：是锻炼手部抓握力量的好工具。

日常使用的重物，如水桶等，也可用来做力量训练。

有些运动需要仰卧或俯卧在地面上，可以准备一个垫子，瑜伽垫或者毯子都可以。

在做平衡练习时，为防摔倒，需要能手扶的稳固物品，比如一把带扶手的坚固的椅子。在做坐位站起时，也需要用到。

在徒手进行自重锻炼时，墙壁和地面也是很好的辅助器械。做拉伸动作时也可以借助墙壁。

受伤后怎么办

本书中提供的健身动作，充分考虑到目标人群的身体特点，不涉及容易受伤的动作。然而，既然是运动，受伤就不可避免，哪怕是轻微的拉伤，有时也会持续一段时间，从而影响接下来的锻炼。所以有必要掌握一些关于预防和处理损伤的方法。

拉伤

拉伤主要发生在未充分热身就进行运动时，或者运动过程中负荷、力度过大，时间过长等。如果局部有拉伤感（正常运动时有酸胀感，拉伤时会有疼痛感），首先要做的就是原地休息，以防损伤进一步加重。如果疼痛明显，可以用冰袋进行外敷，使血管收缩，减少皮下出血，缓解疼痛。受伤24小时后可以进行热敷，以促进血液循环和消肿。

扭伤

四肢关节扭伤时，立即停止运动，对患处进行冷敷（24小时内）、热敷（24小时后）。若疼痛持续，则需就医检查。若是扭到腰，则不要进行腰部的任何活动，就医检查明确是否合并腰椎间盘突出、骨折等情况。

关节疼痛

没有明显跌撞扭动，但运动过程中或运动后关节出现疼痛的，也需要就医检查，看看是否存在关节炎症，若存在则要降低运动强度，或者调整运动方式。

肌肉酸痛

运动后肌肉酸痛一般属正常现象。通常是因为运动时间过长，导致血液供应不充足，肌细胞容易出现无氧代谢，乳酸堆积过多。只需要适当休息即可缓解。若是酸痛明显，可能存在轻度拉伤，可进行冷敷（24小时内）、热敷（24小时后），以改善酸痛。

第二章 >>

热身运动

为什么要热身

任何目的的运动,首先都要从热身开始。热身的目的不光是使身体暖和起来,更重要的是要让身体的各个系统都做好准备,以便成功地进行后续增加强度的运动。

这些系统包括神经系统、心血管系统、呼吸系统、内分泌系统、肌肉骨骼系统等。唤醒这些系统,不仅能使运动得以顺利进行,也能避免运动损伤。

具体来说,热身有以下几点意义。

提高身体温度

低强度的活动可使肌肉和关节温度缓慢升高,这有助于增加肌肉的灵活性和关节的润滑度,从而减少运动损伤的风险。

减少关节损伤

运动前适当进行热身活动,可以将各个关节打开,扩大关节的活动范围,避免运动过程中出现关节和韧带损伤。

放松肌肉

提前热身能使身体各部位的肌肉放松,改善肌肉僵硬的状态,增加肌肉血流量,防止肌肉损伤。

提高心肺功能

通过热身运动这种低强度的活动,可以唤醒心肺,克服心肺的惰性,使身体适应接下来的具有一定强度的训练。

调节心理状态

适当的热身运动能够激活人的神经系统,有助于调节心理状态,为接下来的运动做好充分准备,使其能高效专注地完成运动。

热身的注意事项

老年人的热身，无论是强度还是时长，都需要适量，尽可能在自己可控的范围内，循序渐进的热身既能保证热身效果，又能避免体力消耗而影响后续运动。具体来说需要注意以下几点。

选择低强度的热身动作

老年人的健身动作强度相对较小，多在室内场地，一般不涉及极限动作，因此热身也应选择低强度动作，使活动幅度、动作难易程度在安全可控的范围内。特别是患有慢性疾病的人，以及之前不常运动的人，一定要根据身体状况选择适合的练习，尽量徒手练习，慎加负荷。

动作要缓和

热身运动要循序渐进，从低强度开始；动作要舒缓，不宜剧烈，使身体由安静状态逐步过渡到运动状态；动作幅度逐渐增加，使身体各器官逐步适应。能感到呼吸节奏加快，身体微微出汗时，即达到热身效果。

控制热身时长

每次的热身活动时长控制在 3~5 分钟即可，以热身之后感到轻松自如、微微出汗、无疲劳为佳。

如果是在冬季，气温低，可以适当延长热身时间，但也应以微微出汗、无疲劳为度。

注意补充水分和休息

老年人身体机能相对下降，尽量避免有强度的连续运动。微微出汗后，即可停止热身，适当休息，补充一定量的水分。待身体得到适当恢复，呼吸均匀，感到轻松时，再进行接下来的健身运动。

卧姿热身

对于在家锻炼的人来说，地面也是一种很棒的工具，因为你不需要任何设备，只需地面上的一点空间。躺卧在地面上开始运动，也更加安全，特别是身体基础较差的人，建议从卧姿热身开始。

如果你刚开始接触运动健身，或者有肩背疼痛的问题，我建议你可以将下面的卧姿热身作为每日的正式运动，你会发现在这组运动之后，不仅你的身体得以打开，同时运动强度可能也刚好适合你一日之需。

俯卧伸展

扫描二维码
看视频演示

1 俯卧，双手向前贴地伸展。

2 一只手臂上举，平视前方，腹部不要离开地面。

时间和强度 3~5 分钟（做 3~5 组，组间俯卧休息 10 秒）。

第二章 热身运动

仰卧伸展

扫描二维码
看视频演示

1 仰卧,双手向后尽量贴地伸展,若有困难,可将双腿微屈。坚持 20 秒。

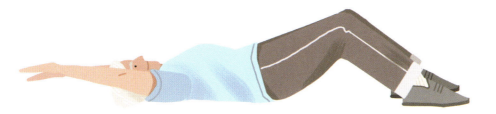

2 将腿伸直,一只手臂向后伸展,屈肘,尽量将小臂贴地。坚持 20 秒。

特别提示

- 本组动作,若有困难,可稍微屈膝。
- 一开始双手可能难以贴地,尽力就好,充分感受肩部、腹部的拉伸。

时间和强度 3~5 分钟(做 3~5 组,组间仰卧休息 10 秒)。

仰卧转前屈

扫描二维码
看视频演示

1. 仰卧，可适当屈膝，手臂向后伸展，尽量贴地。

2. 将腿伸直，用手臂带动上身缓慢前屈，直至坐起。继续前屈，直至手能摸到脚踝内侧，使背部完全伸展。

特别提示

- 若第 2 步有困难，可微微屈膝。
- 尝试将手部越过脚踝，尽可能远一些，使背部充分拉伸。

时间和强度　3~5 分钟（做 3~5 组，组间仰卧休息 10 秒）。

跪姿热身

跪立时，因为重心支撑面有限，手也不再与地面接触，所以我们需要增加使身体保持平衡的成分。在我们的日常生活中，经常需要做一些诸如跪下来系鞋带一类的动作。随着年龄的增长，这样简单的动作也会变得困难。跪姿训练，不仅是很好的热身方式，也可以锻炼髋部的柔韧性和力量。

在跪立时，建议在膝盖下放置一些柔软的东西，如运动垫或枕头。

跪姿前屈

1 单膝跪立，保持背部挺直，双臂向前伸展。

扫描二维码
看视频演示

2 屈上身向前到最大程度，保持手臂水平。

3 保持上身直立，用肩部带动手臂向各个方向转动。

特别提示

- 在向各个方向转动时，注意保持跪肢膝盖与地面的贴合，保持身体的稳定性。注意是用肩部带动身体转动，而不是腰部带动。充分感受肩部和髋部的运动。

时间和强度 3~5分钟（做3~5组，组间仰卧休息10秒）。

坐姿热身

由于地面的支持,坐姿运动有利于提升髋部和下身的锻炼能力。另外,手可以以稳定的地板为支撑,与地面进行接触,让手臂、肩膀和上背部变得异常灵活。坐在地板上锻炼能够加强对腹壁和(腹部)两侧肌肉的锻炼。

坐位前屈

坐位,双腿向两侧略分开,手臂同时向前触摸同侧脚尖,背部尽力伸展。再分别触摸对侧脚尖。各坚持 3～5 秒。

扫描二维码
看视频演示

触摸同侧脚尖

触摸对侧脚尖

时间和强度 3~5 分钟(做 3~5 组,组间以舒服的姿势休息 10 秒)。

给 50⁺60⁺ 的力量、平衡和柔韧性练习指南

坐姿变体

扫描二维码
看视频演示

1 坐位，双手手掌向下，指尖相对，按于体侧地面。

2 一侧腿向侧面打开，两侧大腿尽量呈 90°，向侧面打开的腿屈膝，内侧贴地，做上述按地动作。

3 两腿向前分开，伸直，一手按于身体侧后方，另一手臂上举，掌心向前，目视手掌。

特别提示

- 做此组动作时最好保持上身直立，做动作 1、2 时，如有困难，可适当倾斜。
- 做动作 3 时，注意身体要正，不要后倾。

时间和强度 3~5 分钟（做 3~5 组，组间俯卧休息 10 秒）。

站姿热身

　　画圈、伸展和蹲属于基本运动模式，涵盖了腿部、臂部以及躯干的一系列动作。身体的大部分肌肉都是主动参与的，它们以更大的单位协同运作进行所想的运动。以下这些不同的站姿运动，涵盖了运动的不同方向和深度，并且全身参与，能够为接下来的安全运动奠定坚实的基础。

髋部画圈

扫描二维码
看视频演示

1. 双脚并拢站立，双手放在髋部，髋部画圈，顺时针、逆时针各数次。

2. 双手手臂伸至头顶上方，带动髋部画圈。顺时针、逆时针各数次。

时间和强度　3~5 分钟（做 3~5 组，组间仰卧休息 10 秒）。

伸展

站立,手臂向上伸展画圈,顺时针、逆时针各数次。肩部发力,保持髋部稳定。

扫描二维码
看视频演示

时间和强度 3~5 分钟(做 3~5 组,组间俯卧休息 10 秒)。

半蹲

分别以双脚间距小于肩宽(窄距)、大于肩宽(宽距)及双脚前后交错的姿势进行半蹲。

扫描二维码
看视频演示

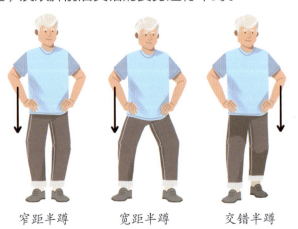

窄距半蹲　　宽距半蹲　　交错半蹲

特别提示

- 保持上身直立,挺直背部,不要前倾。尽量蹲至大腿与地面平行即可。
- 注意感觉腰臀用力。

时间和强度 3~5 分钟(做 3~5 组,组间俯卧休息 10 秒)。

原地慢跑

扫描二维码
看视频演示

1. 双脚开立与肩同宽,双臂下垂,身体挺直。一腿屈髋屈膝,将脚抬起至对侧踝关节以上高度。同侧手臂弯曲向后摆动,对侧手臂弯曲向前摆动。另一条腿膝关节微屈,保持身体平衡。

2. 将抬起的腿放回起始位置的同时,换至对侧重复上述步骤。

特别提示

- 脚落地时应注意小腿处在自然下垂放松的状态,脚尖也应该轻轻落地,把脚跟提起来,脚跟不要着地,用反弹力量让动作变得更有节奏。

时间和强度 3~5分钟或以身体微热、呼吸渐促为度。

第三章

提升肌肉力量的练习

颈肩力量练习

长时间坐着的人，颈肩部肌肉很容易出现疲劳僵硬，在平时的锻炼中，这部分肌肉也很容易被忽视。身体感觉疲劳，很多时候都与颈肩部的肌肉僵硬有关。一些徒手运动就能有效缓解颈肩部肌肉僵硬，增强这部分肌肉的综合能力。

手臂画圈

站立，双脚开立与肩同宽，双臂侧平举。以肩部为中心，双臂伸直，顺时针或逆时针画圈。

扫描二维码
看视频演示

特别提示

- 画圈向后时尽量做到极限，充分感受肩部肌肉的紧张。
- 画圈幅度不要过大，保持腹部收紧、躯干稳定。

时间和强度　画圈幅度适中。每 2 秒一圈较为适宜。10 圈为一组，每次做 3~5 组。

双手交替前平举

扫描二维码
看视频演示

1. 站立，双脚开立与肩同宽，双臂自然下垂，身体挺直。握拳，手背向上，平举手臂，直至平行于地面。

2. 缓慢返回起始姿势的同时，另一侧手握拳前平举，直至平行于地面。两侧交替进行。

特别提示

- 如感觉较为轻松，可适当增加负荷，如手拿一本书、一个小球，或者较小的哑铃。

时间和强度　左右手各做 20 次为一组，每次练习 3~4 组。组间间隔 10 秒。

给 50⁺60⁺ 的力量、平衡和柔韧性练习指南

提拉平举

扫描二维码
看视频演示

1 站立，双脚开立与肩同宽，背部挺直，双臂在身体两侧外展，肘关节弯曲90°，前臂约与地面垂直，停留3秒。

2 向后旋转上臂至前臂垂直于地面，停留3秒。然后回到起始姿势，重复上述动作。

特别提示

- 上臂尽可能向后伸展，充分感受肩部的收紧。背部挺直，腹部收紧。
- 旋转过程中保持上臂的动作，不要变形向前。

时间和强度　　左右手各做 5~8 次为一组，每次练习 3~4 组。组间间隔 30 秒。

徒手推举

扫描二维码
看视频演示

1. 站立，双脚开立与肩同宽，背部挺直，腹部收紧，双臂外展，肘关节弯曲90°，小臂向上垂直于地面。

2. 双臂向上伸展举过头顶至双手相碰，停留3秒，然后弯曲回到起始姿势。重复上述动作。

特别提示

- 上臂尽可能向后伸展，充分感受肩部的收紧。背部挺直，腹部收紧。
- 如感觉较为轻松，可适当增加负荷，如手拿一本书、一个小球，或者较小的哑铃。

时间和强度 左右手各做10~12次为一组，每次练习3~4组。组间间隔10秒。

给 50⁺60⁺ 的力量、平衡和柔韧性练习指南

头部阻抗

扫描二维码
看视频演示

1 手掌用力对抗头部（向侧方、向前方）动作，感受颈部用力。

2 头部旋转，以手对抗头部，感受颈部用力。

> **特别提示**
>
> - 上述阻抗练习，对颈椎病也有很好的缓解作用。
> - 颈椎病患者不宜经常做颈部旋转动作。

时间和强度 每个动作各做 10 秒为一组，每次练习 3~4 组。组间间隔 10 秒。

四向点头

坐在椅子上，双脚平放于地面，背部挺直，头部依次向前、后、左、右弯曲摆动。

扫描二维码
看视频演示

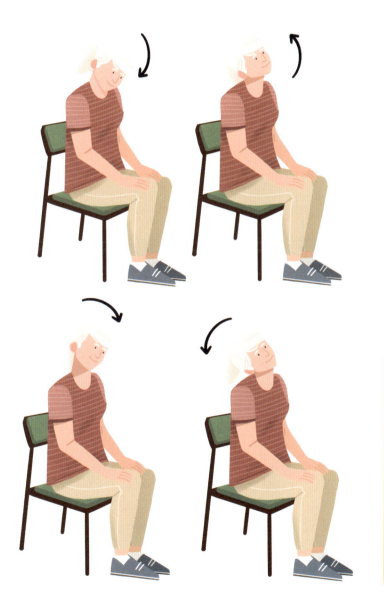

特别提示

- 每个方向弯曲后都要回到起始姿势再做下一个方向的弯曲。
- 颈椎不好的人慎做头部左右转动动作。

时间和强度 左右前后各做 10 秒为一组，每次练习 3~4 组。组间间隔 10 秒。

上肢力量练习

我们平时生活中几乎做任何动作都会涉及上肢肌肉，随着年龄的增长，肌肉会逐渐萎缩，对这些部位的训练，可以让我们在面对日常活动时更加得心应手。

做练习时可以使用一些简单的器械和辅助物，如哑铃、弹力带、握力器、健身球、椅子以及日常使用的重物（如水桶）等。墙壁和地面也可以作为辅助器械。

臂屈伸

站立，将弹力带固定于脚下，手握弹力带，从背后向上向前拉，做背后臂伸动作。注意腰背挺直。

扫描二维码
看视频演示

特别提示

- 腰背部收紧挺直，颈部放松，切忌屏住呼吸，用力时呼气，放松时吸气。

时间和强度　左右手各做 8~12 次为一组，每次练习 3~4 组。组间间隔 30 秒。

臂弯举

站立,弹力带固定于脚下,腰背挺直,做胸前臂弯举动作(单侧做或两侧同时做均可)。

扫描二维码
看视频演示

特别提示

- 动作要慢,不要使用冲力,将注意力放在上臂。

时间和强度　做 8~12 次为一组,每次练习 3~4 组。组间间隔 30 秒。

给 50⁺60⁺ 的力量、平衡和柔韧性练习指南

提拿放练习

扫描二维码
看视频演示

1. 坐在椅子上，对面放一把椅子，面前放一桶水（也可使用哑铃），桶内水量根据个人力量增减。

2. 练习时将水桶提起后放在对面椅子上，然后拿下来。

特别提示

- 手臂保持一定的弯曲度，不要完全伸直，以免肘部损伤。
- 分别尝试手掌向下和手掌向上提取，感受手臂不同部位的用力。

时间和强度 左右手各做 8~12 次为一组，每次练习 3~4 组。组间间隔 30 秒。

第三章 提升肌肉力量的练习

坐位屈臂撑练习

扫描二维码
看视频演示

1 坐在有扶手且牢固的椅子上，手撑扶手，双腿自然踩地或者稍微伸直踩地。

2 尽量靠手臂的力量将身体撑离椅子，坚持 1~3 秒，然后坐回。也可将脚搭放在物体上，使双腿与地面平行来做这个动作。

特别提示

- 椅子一定要稳固，不可晃动。
- 动作要慢，将注意力放在手臂上。如果不能离开椅子，也没关系，尽力就好。

时间和强度 做 8~12 次为一组，每次练习 3~4 组。组间间隔 30 秒。

肩部滑动伸展

扫描二维码
看视频演示

1. 跪姿，一侧手臂向前滑动到极限，手臂尽量贴地，保持 3 秒。

2. 贴地一侧的手臂继续向侧面滑动至最远，保持 3 秒，然后收回。

特别提示

- 手下可放置飞盘一类的物品，使手臂更容易滑动。
- 滑动手臂时保持大腿与地面垂直，身体尽量不要倾斜。

时间和强度 左右手各做 3 次为一组，每次练习 3~5 组。组间间隔 30 秒。

手臂 3D 自由摆动

手抓重物，伸直手臂，向不同方向摆动手臂。

扫描二维码
看视频演示

特别提示

- 尽量不要屈肘（屈肘后就变成了肱二头肌用力），应感受到肩部用力。

时间和强度　两侧手臂各摆动 10 秒为一组，每次练习 3~4 组。组间间隔 30 秒。

手指对抗与抓握

扫描二维码
看视频演示

1 端坐在椅子上或站立，挺胸抬头，双手合十，五指相对发力。

2 收回手指，用力攥拳。

特别提示

- 对抗时手掌不要合在一起，完全手指用力。
- 若手指有旧伤，可根据情况调整力度。

时间和强度　第1和第2步各一次为一个完整动作，连做5次为一组，每次练习8~10组。

手臂前侧拉伸

扫描二维码
看视频演示

1. 站立或端坐在椅子上。挺胸抬头,前臂平举,右手手掌向上,左手握住右手手指。

2. 将右手四指压向躯干方向,使腕部有明显的拉伸感。

特别提示

- 被拉伸一侧的肘关节不要弯曲。

时间和强度　两侧各拉伸 10 秒为一组,每次练习 8~10 组。

胸部力量练习

我们平时很难感觉到胸椎的存在，但我们的躯干和手臂能够用力扭动或摆动，很大一部分来自胸部骨骼和肌肉的力量。随着年龄的增长，有的人可能会出现驼背，这也与胸部肌肉萎缩密切相关。

通常的健身运动中，涉及胸部锻炼的，主要是卧推以及俯卧撑一类，对于中老年人来说，不太适宜。下面提供的一些动作，则非常适合这个年龄段的人在家练习。

坐位胸部拉伸

坐在椅子上，双手向后抓住椅背侧面，身体前倾，挺胸抬头。慢慢将肩胛骨向后挤在一起，直到胸部、肩部和手臂感受到张力。

扫描二维码
看视频演示

特别提示

- 挺胸抬头，头颈部略微上仰。
- 胸部有意识地向前，臀部贴紧椅子，收紧腰部。

时间和强度　连做 3~5 次为一组，每次练习 3~4 组。组间休息 10 秒。

双臂胸前水平开合

扫描二维码
看视频演示

1. 站立，双脚与肩同宽，双臂侧平举，手臂外旋，掌心向前。

2. 双臂同时内收，水平移动到胸前，注意与地面保持平行。然后再外展至身体两侧。

特别提示

- 腰背挺直，挺胸，腹部收紧。
- 手臂外展时尽量做到极限，感受胸部的拉伸。
- 若感觉难度不大，可手握重物。

时间和强度 10~12 次为一组，每次练习 3~4 组。组间间隔 5 秒。

给 50⁺60⁺ 的力量、平衡和柔韧性练习指南

跪姿俯卧撑

扫描二维码
看视频演示

1. 双手和膝盖着地，呈跪姿，手臂与地面垂直，手掌撑地。

2. 吸气，慢慢将胸部向下压至接触地面，保持 3 秒。然后呼气，将身体向上推起。重复这个动作。

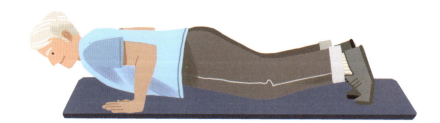

特别提示
● 伸臂时肘关节不要锁死，保持腰背挺直，不要塌腰或撅臀。

时间和强度　连做 3~5 次为一组，每次练习 3~4 组。组间休息 30 秒。

十字支撑

俯卧在垫子上，双脚打开与肩同宽，双手打开比肩宽，脚尖、手掌撑地，收紧腹部，使躯干呈一条直线。

扫描二维码
看视频演示

特别提示

- 此动作对胸部、手臂、核心力量要求较高，可根据身体情况选做，不要勉强。

时间和强度　每次保持20秒以上，或做到力竭，每天练习1~2次。

跪地 3D 扭转

扫描二维码
看视频演示

1 双膝跪地，双手撑地。

2 一侧手臂向侧面打开向上伸至极限，然后下穿身体，指向另一侧，带动上身扭转。

> **特别提示**
> - 支撑的手臂不要过于伸展，以防损伤肘关节。
> - 手臂行侧方向上伸展和下穿伸展时尽量伸到极致。

时间和强度　左右各 5 次为一组，每次练习 3~4 组。组间间隔 10 秒。

扶墙胸部拉伸

扫描二维码
看视频演示

1 找一面墙壁的拐角,左手扶在墙壁上,上臂平行于地面。左腿弓步在前,右手叉腰,略微抬肩。

2 上身前移且向右扭转,感受左侧胸部的牵拉感。保持 3~5 秒,然后换另一侧。

特别提示

- 伸直一侧的腿踩实地面,保持初始动作,不要踮脚。

时间和强度　左右各 3~5 次为一组,每次练习 3~4 组。组间间隔 10 秒。

腰背部力量练习

腰背部是人体的核心，支撑着整个身体，对其进行功能锻炼，可以改善腰部的血液循环，增加肌肉力量，增强腰背肌筋组织的弹性和韧性，有助于维持腰椎间关节稳定，减轻腰椎间盘的负荷。

本节展示的动作以卧位功能锻炼为主，能最大限度地避免运动损伤，即使腰椎不好的人也可以尝试锻炼。在腰背、腿部无疼痛或疼痛轻微的情况下也可进行站立位功能锻炼。

俯卧伸展

俯卧，双脚打开略与肩同宽，双臂后伸置于身体两侧，掌心向体侧，与躯干呈Λ字形，然后双臂抬离垫子至最大幅度，两侧肩胛骨收紧，保持3秒。然后放下，重复动作。

扫描二维码
看视频演示

特 别 提 示

● 保持躯干挺直。

时间和强度 8~10次为一组，每次练习3~4组。组间间隔30秒。

俯身"YWT"形伸展

扫描二维码
看视频演示

1. 俯卧，双手握拳，双脚打开略与肩同宽，双臂向前伸直外展与身体呈Y形，同时抬离地面。

2. 缩手臂至与身体呈W形，双肩放松，夹紧双肘，感受中背部肌肉发力，背部中间被挤压。

3. 打开手臂至与身体呈T形，双肩放松，感受中背部肌肉发力。

特别提示

- 始终挺直背部，头部与脊柱处在一条直线上。动作过程中手臂始终处于抬离地面的状态。
- 手臂打开后缩时呼气，还原时吸气。

时间和强度 6~8次为一组，每次练习3~4组。组间间隔30秒。

俯卧挺身

扫描二维码
看视频演示

1. 俯卧在垫子上,手臂位于身体两侧或将手置于耳旁,前额触地,肩部放松,挺胸。

2. 背部发力,吸气,向上挺身呈反弓姿势,使用腰部肌群维持身体稳定。

特别提示

- 双腿不要离开地面。
- 要以缓慢可控的速度运动,避免依靠冲力。

时间和强度　8~10 次为一组,每次练习 3~4 组。组间间隔 30 秒。

五点支撑

扫描二维码
看视频演示

1. 仰卧在地面或垫子上,膝盖弯曲,双臂及背部紧贴地面。

2. 腹部及臀部向上用力抬起,依靠头部、双肘部和双脚这五点支撑整个人体重量,每次坚持3~5秒。放下后再次抬起。

特别提示

- 臀部尽量抬高,使大腿与胸腹部在一条直线上。
- 如果有难度,可使双脚移近臀部。

时间和强度 抬放6~8次为一组,每次练习3~4组。组间间隔30秒。

俯身徒手后拉

扫描二维码
看视频演示

1. 站立，双脚间距比肩稍宽。略屈膝屈髋，俯身至躯干与地平面约呈 45°。双臂伸直下垂，握拳。

2. 肩胛骨收紧，上臂上提至与肩在一条直线上，坚持 3 秒，然后回到起始姿势。

特别提示

- 不要低头，保持后脑与背部在一条直线上。
- 动作要缓慢可控，可根据情况增加负重。

时间和强度 6~8 次为一组，每次练习 3~4 组。组间间隔 15 秒。

后弓步 3D 转体

1. 左脚向后撤一大步，右脚在前，呈弓步。双手扶在右腿上。上身向右转动至能看到左侧脚，或至最大幅度。保持 3~5 秒。

扫描二维码
看视频演示

2. 换另一侧，重复上述动作。

特别提示

- 保持髋部稳定不动。
- 转动躯干而不要过度转颈部。

时间和强度　左右各做 6~8 次为一组，每次练习 3~4 组。组间间隔 30 秒。

腹部力量练习

在进行转身动作时，有些人很容易发生腰部扭伤，这固然与腰部肌肉力量不强有关，但腹部力量薄弱也是其中一个因素。良好的腹部肌肉不仅能给躯干更好的支撑，减小腰椎所受的向前的拉力，还可以更好地保护腹腔内的脏器，辅助增强胃肠蠕动，提高消化吸收功能和排便功能，避免消化不良和便秘的发生。

对于很少进行腹部力量训练的人来说，练习后肌肉常常会有比较明显的酸胀感，尤其是侧腹部更为明显，运动后可以进行适当按摩以减轻不适。

直臂平板支撑

双手撑地，双臂伸直略宽于肩，双脚并拢，
脚尖撑在地面上，挺直背部，收紧腹部，
保持 20 秒以上。

扫描二维码
看视频演示

时间和强度 每次保持 20 秒以上，或做到力竭，每天练习 1~2 次。

仰卧交替抬腿

扫描二维码
看视频演示

1. 仰卧，双手伸直放于身体两侧，腿略弯曲，平贴地面，将一条腿继续抬至与地面呈 45°。

2. 保持 1~2 秒后落下，然后抬高另一条腿，交替练习以上动作。

特别提示

- 腿抬高和落下时要缓慢，动作可控，不要使用冲力。

时间和强度 3~5 次为一组，每次练习 3~4 组。组间间隔 30 秒。

给 50⁺60⁺ 的力量、平衡和柔韧性练习指南

坐姿提膝

扫描二维码
看视频演示

1. 坐在稳固的凳子上，手撑在臀部两侧或略靠后，背部稍往后倾，双腿并拢。

2. 缓慢往上提起双腿，使膝部靠近躯干，停留2秒，然后放下，但不要落地，重复上提动作，使腹肌充分用力。

特别提示

- 如果双腿同时提起有困难，也可以每次提一条腿，两条腿交替练习。或双脚脚尖不用离地，但要保证有足够的向上提起的力量，使腹肌能够充分用力。

时间和强度 5~8次为一组，每次练习3组。组间间隔15秒。

坐姿腹部旋转

扫描二维码
看视频演示

1. 坐在垫子上,双腿弯曲,上半身略微后倾,使腹部用力,保持背部挺直,双手放于耳侧。

特别提示

- 如果难度较大,可不必旋转至最大幅度。
- 保持臀部固定,不要左右扭动。

2. 上身向一侧旋转至最大幅度,然后回到起始位置,再向另一侧旋转至最大幅度。两侧交替进行。

时间和强度 左右各旋转 3~5 次为一组,每次练习 3~4 组。组间间隔 30 秒。

给 50+ 60+ 的力量、平衡和柔韧性练习指南

侧位平板支撑

扫描二维码
看视频演示

1. 侧卧，下方手臂弯曲，撑于地面或垫子上，腰腹和髋部用力，提起髋部，使身体侧面在一条直线上。保持 5 秒。

2. 另一侧手臂上举与上身呈 90°。可尝试在此基础上引手臂向下穿过另一侧腋部。

> **特别提示**
>
> - 下侧脚外侧贴地，小腿要离地。
> - 第 2 步下穿动作有一定的难度，不强求。

时间和强度 左右各 2~3 次为一组，每次练习 3~4 组。组间间隔 30 秒。

倒箭式卷腹

扫描二维码
看视频演示

1. 仰卧，双腿抬起与地面呈 90°。双臂置于两侧贴地。

2. 上臂抬起带动上身前屈，使肩部离开地面，双手触摸同侧脚踝。

特别提示

- 尽量使肩背更多地离开地面。
- 前屈时要缓慢，不要使用冲力。落回地面时也应缓慢。

时间和强度　3~5 次为一组，每次练习 3~4 组。组间间隔 30 秒。

臀部力量练习

臀部处于机体枢纽位置，髋关节是人体较大的关节之一，久站、久坐很容易引起髋关节周围肌肉紧张、僵硬，导致其灵活性下降，对日常活动造成困扰。训练臀部力量，能够提升髋部的稳定性和力量，同时也能提高下背部、腰部的支撑力和稳定性。

坐姿髋外展

坐位，把环状弹力带套在膝关节上方，挺胸收腹，保持躯干挺直。双腿控制不要发力，臀肌发力，向外展开。

扫描二维码
看视频演示

时间和强度 开合 10 次为一组，每次练习 3~5 组。组间间隔 30 秒。

3D 滑动深蹲

扫描二维码
看视频演示

1 半蹲（大腿与小腿夹角大于 90°，不要深蹲），可使滑动脚踩在飞盘上。

2 将脚向侧面滑动，另一侧腿可稍弯曲，但位置保持固定，上身保持不动。滑到最大幅度后再用脚的力量滑回。每侧做 3~5 次后换另一侧。

特别提示

- 滑动过程中始终保持另一侧腿稳定，上身保持不动。
- 在有能手扶的物体旁练习，以备滑动失控时随时扶稳。

时间和强度　左右各 3~5 次为一组，每次练习 3~4 组。组间间隔 30 秒。

给 50⁺60⁺ 的力量、平衡和柔韧性练习指南

侧卧髋外展

扫描二维码
看视频演示

1 侧卧，下侧手臂屈肘支撑头部，双腿并拢，保持身体稳定。

2 臀部发力向上抬起上侧腿，至动作顶点稍停，收缩臀部肌肉，然后慢慢还原。5~8 遍后换另一侧。

特别提示

- 也可使用环形弹力带套在膝部上方以增大阻力。
- 抬高和落下时要缓慢，动作可控，不要使用冲力。

时间和强度 3~5 次为一组，每次练习 3~4 组。组间间隔 30 秒。

俯卧后抬腿

扫描二维码
看视频演示

1 俯卧在垫子上,手臂屈肘放于身体两侧,保持身体在一条直线上。

2 臀部发力带动一条腿向上方抬起,至动作顶点稍停,收缩臀部肌肉,然后慢慢还原。5~8 遍后换另一侧。

特别提示

- 也可使用环形弹力带套在大腿部以增大阻力。
- 抬高和落下时要缓慢,动作可控,不要使用冲力。

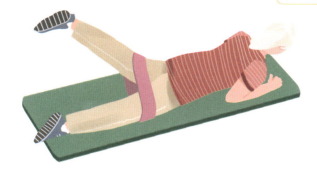

时间和强度 3~5 次为一组,每次练习 3~4 组。组间间隔 30 秒。

下肢力量练习

下肢力量训练，主要是针对大腿、小腿、脚踝部肌肉和关节，居家训练的主要方式是各种蹲起运动。下面是针对不同部位的有效练习动作，均采用自重训练，强度适中，下肢关节有问题的人也可以尝试找到适合自己的方式用作康复训练。

站立踮脚

选择一面墙壁或者其他可以扶握的地方。身体保持直立，两脚与肩同宽，双手扶住墙面。脚后跟向上提起，保持前脚掌着地。停留 3 秒后，脚跟缓慢着地。

扫描二维码
看视频演示

特别提示

- 如发生抽筋的情况，立即停止踮脚，躺卧下来做脚尖后勾拉动作，充分拉伸小腿后侧肌肉。

时间和强度 8~12 次为一组，每次练习 3~4 组。组间间隔 30 秒。

坐位蹲起

1 端坐在椅子上，大腿与地面平行，腰背挺直。

扫描二维码
看视频演示

2 不扶椅子，尽量靠腿部力量缓慢站起来。

特别提示

- 站起时要尽量缓慢，感受腿部用力。
- 可以使用带有扶手的椅子，以便必要时用手辅助站起。

时间和强度 站起休息 5 秒后再坐下继续练习，连做 5 次为一组，每次练习 3~4 组。

单腿蹲

一只脚在前，一只脚在后，蹲下，双手按地，后膝尽量着地，使跨步的距离足够大。双膝关节呈 90° 夹角。两侧交替进行。

扫描二维码
看视频演示

特别提示

● 双手与前脚在一条线上，不要太靠前。不要低头、弓背。

时间和强度 每个动作每次保持 10 秒为一组，每次练习 5~8 组。组间休息 30 秒。

半蹲侧移

半蹲，左腿侧移。双脚的距离大约是常规蹲姿的 2 倍宽。身体重心不变，双手按在右腿上，使侧移的大腿内侧有较强烈的紧张感。两侧交替进行。

扫描二维码
看视频演示

特别提示

● 侧移的腿要伸直，且脚尖尽量向外，以使腿内侧有更强的拉伸感。

时间和强度 每个动作每次保持 10 秒为一组，每次练习 5~8 组。组间休息 30 秒。

第三章 提升肌肉力量的练习

大腿 3D 伸展

扫描二维码
看视频演示

一手扶固定物，单腿站立，另一手拉同侧足背向臀部靠近，上身前倾并深蹲。

椅子单腿深蹲

扫描二维码
看视频演示

单腿站立，另一条腿放在沙发或椅子上，深蹲到最大幅度。

特别提示

- 一定要扶稳。
- 站立一侧的膝关节尽量弯曲。

特别提示

- 站立一侧的膝关节尽量弯曲。
- 尽量下蹲到极限。

时间和强度 每个动作左右各做 3~5 次为一组，每次练习 3~4 组。组间休息 30 秒。

单腿时钟伸展

单腿站立，另一条腿向 9 点钟、12 点钟、3 点钟方向伸展，各保持 3~5 秒。两侧交替进行。

扫描二维码
看视频演示

> **特别提示**
>
> ● 尽量不扶物体，感受脚踝用力。

时间和强度　连做 5~8 次为一组，每次练习 3~4 组。组间休息 30 秒。

第三章 提升肌肉力量的练习

脚趾蹲立

站立,两脚间距与肩同宽,下蹲,然后用脚趾支撑身体慢慢站起。

扫描二维码
看视频演示

特别提示

- 尽量不扶物体,感受脚趾用力。

时间和强度　连做 5~8 次为一组,每次练习 3~4 组。组间休息 30 秒。

第四章 >>

改善平衡性的练习

静态平衡练习

静态平衡训练是指在静止状态下保持身体平衡的能力。对于 50^+60^+ 人群来说，此类训练尤为重要，良好的平衡性能够避免生活中可能遭遇的许多常见意外损伤，如跌倒、扭伤等。

金鸡独立

并脚站立，双手自然下垂，然后提起一只脚呈单腿站立，坚持 30 秒。

扫描二维码
看视频演示

> **特别提示**
>
> - 重心放在站立一侧的腿上，保持稳定。

时间和强度 左右各 30 秒为一组，每次练习 5~8 组。组间间隔 30 秒。

第四章 改善平衡性的练习

单腿直立

1. 并脚站立,将双手十指交叉,翻腕向上。

扫描二维码
看视频演示

2. 一条腿向侧面打开,单腿站立,坚持5秒。

特别提示

- 保持躯干与站立一侧的腿在一条竖线上,使重心稳定。

时间和强度　左右各 3~5 次为一组,每次练习 3~4 组。组间间隔 30 秒。

V 字单腿直立

扫描二维码
看视频演示

并脚站立,双手向上伸展呈 V 状,同时将一条腿向前踢出到对侧膝盖高度,单腿站立,坚持 5 秒。

展髋单腿直立

扫描二维码
看视频演示

并脚站立,双手向两侧打开与肩在一条水平线上。一腿屈膝,脚掌贴于另一侧腿的膝内侧,单腿站立,坚持 5 秒。

特 别 提 示

- 保持躯干与站立一侧的腿在一条竖线上,使重心稳定。

时间和强度 左右各做 8~12 次为一组,每次练习 3~4 组。组间间隔 15 秒。

重心移动站立

扫描二维码
看视频演示

1 双脚站立与肩同宽,面向或侧向墙壁并保持一定距离。

2 缓慢移动重心,向前倾斜身体,直到平衡被打破,手扶墙壁。

特 别 提 示

- 距离墙面或桌子不要太远,以防摔倒。
- 尽量控制足跟不要离地,可使倾斜达到最大程度。

时间和强度 3~5 次为一组,每次练习 3~4 组。组间间隔 30 秒。

动态平衡练习

动态平衡是指在外力干预下,身体原有的平衡被破坏后,可以通过不断调整自己的姿势维持新的平衡的一种能力。日常生活中我们进行的所有身体活动,几乎都涉及动态平衡,进行此类训练,可以帮助我们在日常活动中更加灵活且安全地使用身体。

走直线练习

双脚并拢,双臂自然下垂,脚尖对脚跟,走直线,先向前走几步,然后再向后走几步。

扫描二维码
看视频演示

特别提示

- 如果不确定是否能保持平衡,可在墙壁旁练习,以便随时扶稳。

时间和强度 5~8次为一组,每次练习3~4组。组间间隔30秒。

大腿摆动平衡

提肘将前臂放在腹前位置，提起一条腿至大腿与地面平行，然后向侧面摆动至最大幅度。

扫描二维码
看视频演示

特别提示

- 始终保持身体向前且稳定，尽可能不晃动。

时间和强度　左右各做 5~8 次为一组，每次练习 3~4 组。组间间隔 30 秒。

单腿下蹲平衡

手臂向前平伸,一条腿下蹲的同时另一条腿做向前抬起、向后抬起、向侧面打开、向对侧后方伸展的动作(每一个动作均伴随单腿下蹲)。

扫描二维码
看视频演示

> **特别提示**
>
> ● 始终保持身体向前且稳定,尽可能不晃动。

时间和强度 左右各做 5~8 次为一组,每次练习 3~4 组。组间间隔 30 秒。

第四章 改善平衡性的练习

半蹲侧向移位

站立，两腿分开，略屈膝，两手叉腰，上身保持直立。
向左侧移动 3~5 米，然后再向右侧移动 3~5 米。

扫描二维码
看视频演示

特别提示

- 保持上身直立，重心稳定，小步伐快移，不要过于晃动身体。

时间和强度　左右各移动 5~8 次为一组，每次练习 3~4 组。组间间隔 30 秒。

3D 平衡练习

人体的大部分运动都是在三个维度上进行的，分别是矢状面（前后运动）、冠状面（左右运动）和横断面（左右旋转）。3D 平衡练习，能够帮助身体在同时进行以上运动的过程中获得良好的平衡性。持续练习这类动作，甚至可以帮我们做到以前做不到的某些动作，从而更加高效地使用身体。

3D 髋关节铰链平衡

扫描二维码
看视频演示

1 单腿站立，略屈膝，另一条腿向后抬起，双手向左右伸展。身体尽量前倾，让抬起的腿尽量与地面平行。

2 身体回正，将抬起的腿摆动到前面，同时屈膝，抬至胸前。动作要连贯。

特别提示

- 做前倾动作时站立一侧腿的膝部不要过伸，可略微弯曲。

- 可准备一个可扶物品，如椅子，以备失衡时扶住。

时间和强度 左右各做 3~5 次为一组，每次练习 3~4 组。组间间隔 30 秒。

3D 十字触地平衡

扫描二维码
看视频演示

1 单腿站立,略屈膝,另一条腿向后抬起,双手向左右伸展。身体尽量前倾,让抬起的腿尽量与地面平行。

2 尝试两只手分别触地,保持身体平衡,站立的腿不要晃动。

特别提示

- 可准备一个可扶物品,如椅子,以备失衡时扶住。

时间和强度 左右手各做 8~12 次为一组,每次练习 3~4 组。组间间隔 30 秒。

第五章 >>

提高柔韧性的练习

上肢柔韧性练习

压肩

站立于椅子、桌子、楼梯栏杆、墙壁等可以抓握扶靠的物体前,手抓握的位置高度略高于腰。双脚开立,稍宽于肩,直臂屈体下压肩部。

扫描二维码
看视频演示

时间和强度 下压 10 次为一组,每次练习 3~4 组。组间间隔 30 秒。

扶物转体

扫描二维码
看视频演示

1. 单侧向站立于墙壁或其他稍高的物体旁，手抓握物体或扶着墙壁，双脚间距与肩同宽。

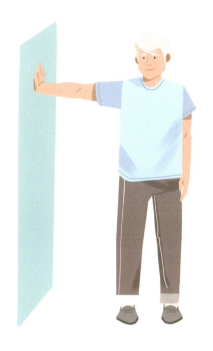

2. 转动身体到最大限度。做完一侧，再做另一侧。

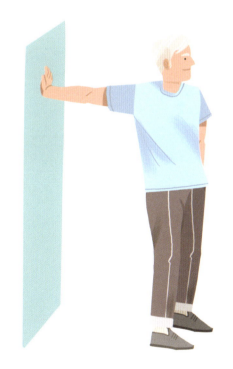

特别提示

- 此动作拉伸感较为强烈，注意缓慢转动，以防拉伤。

时间和强度　左右手各做 5~8 次为一组，每次练习 3~4 组。组间间隔 30 秒。

给 50⁺60⁺ 的力量、平衡和柔韧性练习指南

双手背后抓握

扫描二维码
看视频演示

站立,双脚间距与肩同宽,或者取坐位。一只手从颈后沿脊柱向下移,另一只手沿着脊柱向上移动,两手在背后抓握。

> **特 别 提 示**
>
> ● 如果不能抓握也没关系,手臂尽量上(下)移即可。

时间和强度　左右手各做 3~5 次为一组,每次练习 3~4 组。组间间隔 30 秒。

蟹式 3D

扫描二维码
看视频演示

1 屈膝伏地,手臂向前贴地,尽量伸展。

2 用手臂带动上身横向运动,保持手掌贴地不动。

> **特别提示**
>
> ● 横向运动时手臂和肩部拉伸感较为强烈,注意动作要缓慢。

时间和强度 向左右各横摆 5 次为一组,每次练习 3~4 组。组间间隔 30 秒。

下肢柔韧性练习

小腿拉伸

扫描二维码
看视频演示

1. 面向墙站立，距离墙壁远一点，双脚间距与肩同宽。右脚向前一步，弯曲右膝，将手臂抬至肩膀高度扶在墙上，双手距离与肩同宽。

2. 继续弯曲右膝，直到左侧小腿肌肉感到柔和的张力，保持 15~30 秒。慢慢回到开始位置，换另一侧腿。

特别提示

- 后侧腿要伸直，足跟紧贴地面。

时间和强度　左右各做 3~5 次为一组，每次练习 3~4 组。组间间隔 30 秒。

大腿前侧拉伸

1. 单腿跪，右腿大腿与地面平行，左腿跪于软垫上。

扫描二维码
看视频演示

2. 上身挺直，左手抓住左侧脚背使脚靠近臀部，右手向上伸展。保持姿势 10~15 秒，然后慢慢回到开始位置，换另一侧。

特别提示

- 若举手时身体难以稳定，可靠近墙壁或椅子做此动作。

时间和强度 左右各做 3~5 次为一组，每次练习 3~4 组。组间间隔 30 秒。

站立屈体下腰（窄距）

双脚并拢，向前屈体下腰，双手尽量触地或抓住脚踝，充分感受整条腿后侧肌肉的紧张，保持5~10秒。

扫描二维码
看视频演示

站立屈体下腰（宽距）

双脚分开为肩宽的2倍，向前屈体下腰，一侧手触摸另一侧的脚内侧，充分感受整条腿内侧肌肉的紧张。

扫描二维码
看视频演示

> **特别提示**
>
> - 下腰时保持腿部稳定，不要屈膝外翻，若手不能触及地面或脚踝（脚内侧）也没关系，尽力即可。

时间和强度 5~8次为一组，每次练习3~4组。组间间隔30秒。

仰卧穿针

仰卧,将右腿弯曲,提起至左侧大腿外侧,双手抱右腿,并拉膝盖靠近胸腔,保持背部贴地。充分感受臀部和大腿外侧肌肉的紧张,保持 5~10 秒。

扫描二维码
看视频演示

特别提示

- 此动作拉伸感较为强烈,注意动作要缓慢,以防拉伤。

时间和强度 左右各做 5~8 次为一组,每次练习 3~4 组。组间间隔 30 秒。

脊柱柔韧性练习

俯卧上体直臂撑起

俯卧，双臂支撑，抬起上体，耻骨贴于地面，保持 15~30 秒。

扫描二维码
看视频演示

> **特别提示**
>
> - 若手臂伸直后无法保持耻骨贴地，可略微屈肘。将注意力放在脊柱上。

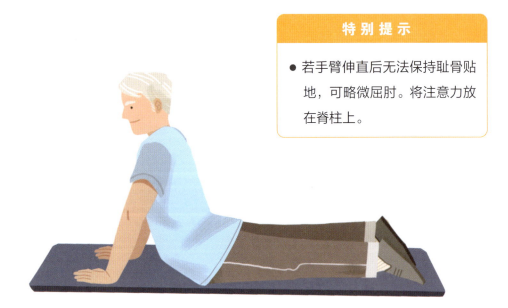

时间和强度 做 3~5 次为一组，每次练习 3~4 组。组间间隔 30 秒，可俯卧弓背放松。

体侧运动

两腿开立,略宽于肩,一手叉腰,另一手向上举起带动身体侧倾,侧倾到最大限度后保持 3~5 秒,换另一侧。

扫描二维码
看视频演示

> **特别提示**
>
> ● 身体不要前倾,保持手臂、躯干和下肢在一个平面上。

时间和强度　两侧各做 3~5 次为一组,每次练习 3~4 组。组间间隔 30 秒。

跪姿单臂 3D 扭转

扫描二维码
看视频演示

1 屈膝,双手撑地,一侧手臂向前伸展。

2 将伸展的手臂转向侧上方伸展,然后穿过身体,带动上身扭转。保持膝部稳定。

特别提示

- 注意保持髋部稳定,用手臂带动脊柱扭转,而不是躯干主动扭转。

时间和强度　左右手各做 3~5 次为一组,每次练习 3~4 组。组间间隔 30 秒。

第五章 提高柔韧性的练习

弓步扭转

扫描二维码
看视频演示

1 左腿向前一大步，呈弓步姿势。

2 右手向左摆动，放于左臀部，面向左前。左手从背后放于右臀部，并尽力伸向前侧，充分扭转腰部。

特别提示

- 保持后腿前脚掌贴地，不要扭动腿部，将注意力放在腰部。

时间和强度 两侧各做 3~5 次为一组，每次练习 3~4 组。组间间隔 30 秒。

第六章 >>

提高协调性的运动链练习

什么是运动链

人体的运动常常涉及多个部位的协调，比如我们弯腰或向侧面弯曲身体的时候，会明显感觉到背部和侧面的拉伸，这些被拉伸的部位，可能肌肉比较明显，我们的锻炼也往往只关注到这些肌肉。事实上，在这条链路上，每一块肌肉、每一条韧带、每一处筋膜的作用都不能忽视，只要有一处掉链子，整个动作都不可能很好地完成。

如果你试着把身体弯曲成一个字母"C"的形状，你会注意到从大腿到腹部很多地方的肌肉都绷紧了。身体前部的这种连接称为"前链"。

长时间坐在办公室、车里或沙发上，会使前链处于一种缩短的状态，前链缩短，就会使背部难以伸展，从而出现背部疼痛等问题，老年人驼背的问题，也常与此有关。

人体的解剖学结构，也确实为我们标识出了几条由肌肉、韧带以及筋膜组成的"运动高速公路"，它们分别是：

⊙ 前链　　　　　　　　⊙ 后链
⊙ 左侧链　　　　　　　⊙ 右侧链
⊙ 对角前链1（左下至右上）　⊙ 对角前链2（右下到左上）
⊙ 对角后链1（左下至右上）　⊙ 对角后链2（右下到左上）

这些线路都能参与旋转运动，旋转运动路线也是人体使用最频繁的运动路径，身体中最强壮的肌肉和关节也都与旋转运动相关。但是我们平时的锻炼在这方面是很不够的,普通健身房的健身器材也很难锻炼到它们,更不用说大多数人还认识不到它们的存在和作用。而日常生活中许多必要的动作却都离不开它们。

下图展示的就是这八条"运动高速公路",我们在锻炼身体时可以有意识地让其参与运动,并关注它们的运动表现。

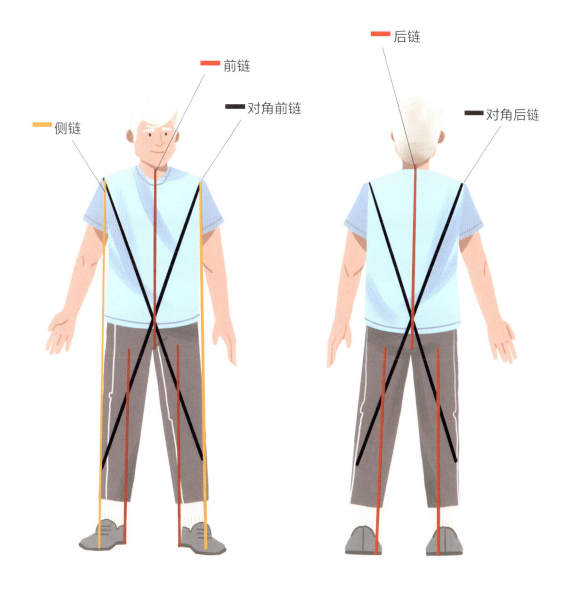

人体的八条运动链

给 50⁺60⁺ 的力量、平衡和柔韧性练习指南

前链协调性练习

前链蟹式伸展

扫描二维码
看视频演示

1. 双膝跪地，臀部坐在足跟上。

2. 一手在体后撑地，另一手臂向后伸直，带动身体后仰到最大幅度。保持 5~10 秒。换另一侧。

特别提示

- 开始练习时手臂难以完全伸展也没关系，充分感受身体前链拉伸即可。

时间和强度　两侧各做 3~5 次为一组，每次练习 3~4 组。组间间隔 30 秒。

第六章 提高协调性的运动链练习

双臂过顶触壁

扫描二维码
看视频演示

1 背对墙壁，弓步站立。后脚与墙壁距离约 30 厘米以上。

2 双臂并拢，举过头顶向后伸展触及墙壁，保持 5~10 秒。换另一侧。

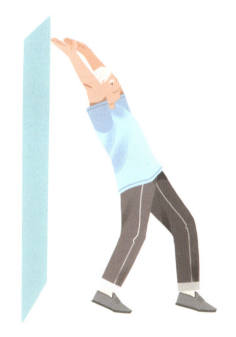

特 别 提 示

- 开始练习时若手臂难以完全伸展，可将双手拇指相扣。

时间和强度 左右变换弓步各做 3~5 次为一组，每次练习 3~4 组。组间间隔 30 秒。

后链协调性练习

弓步前屈

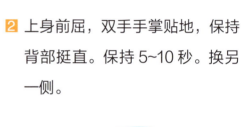

扫描二维码
看视频演示

1. 站立，双脚间距与肩同宽，迈一只脚向前，呈弓步。

2. 上身前屈，双手手掌贴地，保持背部挺直。保持 5~10 秒。换另一侧。

特别提示

- 后腿尽可能伸直。
- 保持背部挺直，不要低头、弓背。

时间和强度 两侧各做 3~5 次为一组，每次练习 3~4 组。组间隔 30 秒。

第六章 提高协调性的运动链练习

面壁深蹲

扫描二维码
看视频演示

1 面对墙壁站立，双脚间距与肩同宽，脚尖与墙壁距离约 15 厘米。

2 抬头挺胸，慢慢下蹲至大腿与地面平行，背部挺直。保持 5~10 秒。

特 别 提 示

- 下蹲至大腿与地面平行即可，不要太过。

时间和强度 做 3~5 次为一组，每次练习 3~4 组。组间间隔 30 秒。

侧链协调性练习

交叉侧链拉伸

扫描二维码
看视频演示

1 站立，双手扶髋，左腿越过右腿落地，两腿呈交叉步。

2 右侧手臂向上向对侧伸展至最大幅度。保持 5~10 秒。

特别提示

- 手臂伸展时可将后面脚的前内侧面着地，足跟稍稍离地，使重心落在前腿上，可使侧链拉伸更充分。

时间和强度　两侧各做 3~5 次为一组，每次练习 3~4 组。组间间隔 30 秒。

深蹲侧链拉伸

1 站立，双脚间距略比肩宽，双手拇指相扣，双臂向上伸展。

扫描二维码
看视频演示

2 慢慢下蹲，保持双臂向上伸展，背部挺直。保持 5~10 秒。

特别提示

- 下蹲时保持膝盖稳定，不要外翻。
- 保持双臂伸展，下蹲过程中充分感受侧链的拉伸。

时间和强度 做 3~5 次为一组，每次练习 3~4 组。组间间隔 30 秒。

给 50⁺60⁺ 的力量、平衡和柔韧性练习指南

交叉蹲步侧链拉伸

扫描二维码
看视频演示

1. 站立，右脚撤向左脚的左后方，呈交叉步。

2. 上身前屈，双臂并拢向前下方伸直，背部挺直。保持 5~10 秒。换另一侧。

特别提示

- 保持背部挺直，不要低头、弓背。
- 重心落在前脚上。

时间和强度 两侧各做 3~5 次为一组，每次练习 3~4 组。组间间隔 30 秒。

对角前链协调性练习

台阶旋转拉伸

扫描二维码
看视频演示

1. 找一处台阶或者高低合适的稳固凳子,左脚踩在台阶或凳子上。

2. 双臂带动身体向左侧扭转拉伸。保持 5~10 秒。换另一侧。

> **特别提示**
>
> - 不要分腿,两脚前后在一条直线上。
> - 保持站立一侧的腿稳定,不要随躯干扭转。

时间和强度 两侧各做 3~5 次为一组,每次练习 3~4 组。组间间隔 30 秒。

给 50+ 60+ 的力量、平衡和柔韧性练习指南

箭步摆臂

1. 并脚站立，左腿向前迈一大步，略屈左膝，呈箭步姿势。

扫描二维码
看视频演示

2. 左侧手臂向上、向后伸展，同时右侧手臂尽量向下触及左侧脚尖，保持上身扭转。然后转换另一侧。

特别提示

- 扭转时保持背部挺直，不要低头、弓背，保持两臂和躯干在同一平面上。

时间和强度 两侧各做 3~5 次为一组，每次练习 3~4 组。组间间隔 30 秒。

102

第六章 提高协调性的运动链练习

滑冰式双臂摆动

扫描二维码
看视频演示

1 站立，两腿分开，一腿伸直，一腿屈膝呈箭步。

2 向前屈体，屈膝一侧的手臂向上、向后伸展，另一侧手臂尽量向下触地，背部挺直。然后转换另一侧。

特别提示

- 不要弯腰弓背，尽量抬头目视前方，以保持背部尽可能挺直。

时间和强度　两侧各做 3~5 次为一组，每次练习 3~4 组。组间间隔 30 秒。

对角后链协调性练习

双腿交叉展臂

箭步，一只手按地，另一只手从侧面向上伸展，背部挺直，保持 5~10 秒。换另一侧。

扫描二维码
看视频演示

特别提示

- 保持背部挺直，不要低头、弓背。可尝试扭头看向伸展的手臂。

时间和强度　两侧各做 3~5 次为一组，每次练习 3~4 组。组间间隔 30 秒。

手臂对角斜劈

扫描二维码
看视频演示

1. 站立，两脚间距与肩同宽，向前俯身，屈膝，合掌，保持背部挺直，伸展双臂尽量向一侧触地，然后起身向对侧上方伸展。

2. 在第一步动作基础上变箭步（一腿迈步向前略屈膝，一腿向后伸直），手臂带动上身后仰至极限，然后手臂用力向对侧下劈，同时收回迈步向前的腿，下蹲，使手尽量向下。

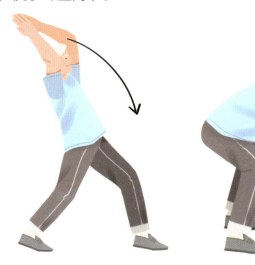

特别提示

- 俯身、展臂、后仰、下劈的动作要连续，尽量一气呵成。

时间和强度　两侧各做 3~5 次为一组，每次练习 3~4 组。组间间隔 30 秒。

第七章 >>

常用拉伸及放松练习

为什么要拉伸

拉伸，就是将紧张的肌肉伸展开来，使关节的活动空间变大，从而使身体变得舒展、延长和柔韧。具体来说，拉伸有如下作用。

放松身体，解除疲劳

运动后进行拉伸，有利于放松紧张和疲劳的肌肉和关节，避免运动过度导致肌肉和机体的损伤，提升身体的灵活性和协调性。久坐之后做拉伸活动，可放松僵硬的肌肉和肢体，缓解疲劳。

增强肌肉，避免损伤

时常做拉伸运动，可增强肌肉，活动筋骨，优化身体线条，缓解肌肉劳损，减少肌肉之间的粘连，使身体更加灵活、肌肉更有力，并降低受伤的可能性。

促进代谢，缓解酸痛

拉伸可促进身体的血液循环，加快新陈代谢，增加身体各部位的氧气和营养供给，有助于身体代谢废物的排出。拉伸还能帮助肌肉中的乳酸排出，缓解运动后的酸痛。

畅通经脉，缓解疼痛

从中医角度看，适当进行拉伸活动，可使经脉通畅，缓解腰背疼痛、关节和肢体不适。对于因长期不运动导致的经脉淤塞、腰酸背痛或其他部位的局部疼痛情况有很好的缓解作用。

肩部拉伸

三角肌拉伸

坐位，背部挺直，一只手伸直向侧前方平举，另一侧手臂屈肘，用肘关节托住伸直的手臂，将其向躯干部勾拉。保持 5~10 秒，换另一侧。

扫描二维码
看视频演示

特别提示

- 注意上身始终向前，正视前方，不要随手臂扭动。
- 不常做此动作的人拉伸时关节处可能会有弹响，属正常现象。

时间和强度　两侧各做 3~5 次为一组，每次练习 3~4 组。组间间隔 30 秒。

给 50+60+ 的力量、平衡和柔韧性练习指南

肱三头肌拉伸

扫描二维码
看视频演示

1 站立或坐位,一侧手臂屈臂,从头部上方放置于脑后,手掌贴于背部。

2 另一侧手按在被拉伸手臂的肘关节处,并向被拉伸手臂的侧后方拉动肘关节。保持 5~10 秒,换另一侧。

特别提示

- 开始练习时,可能肘部难以置于头后,不用强求,尽力后展即可。

 两侧各做 3~5 次为一组,每次练习 3~4 组。组间间隔 30 秒。

第七章 常用拉伸及放松练习

背部拉伸

背阔肌拉伸

扫描二维码
看视频演示

1. 站立，双脚间距与肩同宽，一侧手臂搭在对侧肩膀上。

2. 另一侧小臂向上拖住要拉伸的手臂，然后把肩膀向前拉伸。保持 5~10 秒，换另一侧。

特别提示

- 保持被拉伸一侧手臂平举，肘部与鼻尖在同一高度。

时间和强度 两侧各做 3~5 次为一组，每次练习 3~4 组。组间间隔 30 秒。

给 50⁺60⁺ 的力量、平衡和柔韧性练习指南

背部放松

婴儿式放松

跪姿，臀部坐于小腿上方，上半身向前贴近地面，双上肢向前尽力伸展，额头触地。保持 1~3 分钟。

扫描二维码
看视频演示

> **特别提示**
>
> - 此动作对肩部柔韧性要求较高，需要肩部完全打开。若有难度，不可强求上身贴地，尽力伸展即可。

时间和强度　每次做 1~3 分钟，每天 2 次。

腹部拉伸

俯卧上体直臂撑起

俯卧,双臂支撑,抬起上体,耻骨贴于地面,保持 15~30 秒。

扫描二维码
看视频演示

> **特别提示**
>
> ● 此动作与第 86 页 "俯卧上体直臂撑起" 相同,此动作拉伸腹部的同时也能锻炼脊柱的柔韧性。

时间和强度 做 3~5 次为一组,每次练习 3~4 组。组间间隔 30 秒。

臀部拉伸

坐姿臀部拉伸

扫描二维码
看视频演示

1. 坐在椅子上，双腿自然落于地面，将右腿提起，脚踝放于左侧大腿外侧。

2. 双手十指交叉，抱住右侧腿的膝盖，用力将右腿向左后方拉，在最大幅度时保持5~10秒。

特别提示

- 保持上身朝向前方，不要扭动。被拉伸一侧的足跟外侧紧贴另一侧大腿外侧。

时间和强度　左右两侧各做1次为一组，每次练习3~4组。组间间隔30秒。

腿部拉伸

大腿前侧拉伸

扶在桌子或椅子上,自然站立。弯曲右侧小腿,右手握住右脚脚踝。收紧腹部,右手发力向上拉,髋部前顶,直至右侧大腿前侧有明显牵拉感。均匀呼吸,不要憋气,保持姿势 10~30 秒,然后慢慢回到开始位置,换另一侧。

扫描二维码
看视频演示

特别提示

- 拉伸过程中始终保持身体挺直。站立一侧腿的膝部不要过伸,可稍稍弯曲,将注意力放在拉伸部位。

时间和强度 左右两侧各做 3~5 次为一组,每次练习 3~4 组。组间间隔 30 秒。

大腿后侧拉伸

扫描二维码
看视频演示

1. 直腿坐在垫子上，双手手掌贴于大腿侧方的地面，上身前倾下压到最大限度，保持 10 秒。

2. 如果上身难以下压，可用双臂环抱住大腿带动上身向下。

> **特别提示**
>
> - 此动作大腿后侧拉伸感较为剧烈，初次练习时，上身前倾下压可尽力而为，逐渐适应。

时间和强度　2 次为一组，每次练习 3~4 组。组间间隔 30 秒。

大腿内侧拉伸

双腿下蹲,大腿落于小腿上,身体重心移至一侧腿,另一侧腿向侧面伸直,足跟着地,收紧腰腹,背部挺直,双手伸直撑于身前地面。臀部向下坐,使伸直一侧腿的内侧有明显拉伸感。保持10~15秒,换另一侧。

扫描二维码
看视频演示

特别提示

- 此动作大腿内侧拉伸感较为剧烈,另一条腿的膝盖所受压力也较大,初次练习时,臀部向下要缓慢,逐渐适应。
- 可在前面放一把椅子,以备身体不稳时能扶住。

时间和强度 两侧各做3~5次为一组,每次练习3~4组。组间间隔30秒。

小腿后侧及跟腱拉伸

站立，双脚间距与肩同宽，右腿向前一步，左腿略屈膝，屈髋使上身前倾，双手按于左膝上。继续屈髋、屈肘使上身前倾，注意不要下蹲，直至跟腱、小腿后侧和大腿后侧有明显的拉伸感。在最大幅度保持 5~10 秒，换另一侧。

扫描二维码
看视频演示

特别提示

- 可通过调节脚掌与地面的角度来控制拉伸强度。

时间和强度　　两侧各做 1 次为一组，每次练习 3~4 组。组间间隔 30 秒。

小腿前部及脚背拉伸

站立，双手扶髋，右腿后撤一步，右脚尖着地，脚背对向地面，左膝前移向下，使小腿前侧和脚背有明显的拉伸感。在最大幅度保持 5~10 秒。

扫描二维码
看视频演示

特别提示

- 若感觉拉伸过于强烈，脚尖可稍稍转向内侧。

时间和强度　两侧各做 3~5 次为一组，每次练习 3~4 组。组间间隔 30 秒。